ESSAI BIOGRAPHIQUE

SUR

THÉODORE AUBANEL

Poète Provençal

« Luise ce qui est beau. »

AVIGNON
AUBANEL FRÈRES, IMPRIMEURS DE N. S. P. LE PAPE
ET DE MONSEIGNEUR L'ARCHEVÊQUE

1890

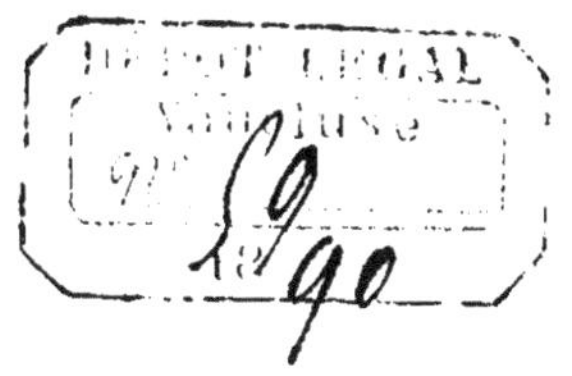

ESSAI BIOGRAPHIQUE

SUR

THÉODORE AUBANEL

ESSAI BIOGRAPHIQUE

SUR

THÉODORE AUBANEL

POÈTE PROVENÇAL

« Luise ce qui est beau. »

AVIGNON
AUBANEL FRÈRES, IMPRIMEURS DE N. S. P. LE PAPE
ET DE MONSEIGNEUR L'ARCHEVÊQUE

1890

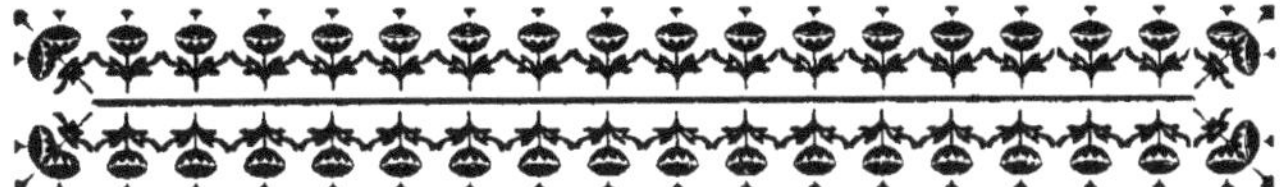

ESSAI BIOGRAPHIQUE

SUR

THÉODORE AUBANEL

LE 31 Octobre 1886, la veille de la fête de tous les Saints, une belle intelligence s'éteignait à Avignon, un noble cœur cessait de battre, un grand poète disparaissait.

Nous avons nommé Théodore Aubanel.

Les hommes, durant sa vie, ne lui ont ménagé ni les honneurs, ni les louanges. A sa mort un concert unanime d'éloges s'élevait de tous les côtés autour de son cercueil. Il n'est pas un des organes de la publicité en France qui n'ait en cette triste circonstance adressé un suprême adieu à celui dont les chants inspirés sont une des plus pures gloires de la poésie provençale. Ses concitoyens, en particulier, lui ont fait des funérailles magnifiques ; c'est au point qu'on peut dire que ses obsèques, par le concours dont elles ont été l'objet et l'affluence qu'elles ont amenée sur leur passage, ressemblaient à une marche triomphale.

Le poète a été chanté par les poètes, et Frédéric Mistral, l'immortel auteur de *Mirèio*, dans une plainte où débordent l'angoisse et la douleur, a magistralement résumé l'œuvre du *félibre* : l'adieu à son ami, à son compagnon de luttes pour la langue provençale a été un déchirant sanglot :

« Aujourd'hui, s'est-il écrié les yeux baignés de larmes, aujourd'hui, ô Provence, tu peux prendre le deuil ! Le voilà mort celui qui a jeté sur ta langue, sur la langue de ton peuple, une splendeur incomparable...

» Aujourd'hui, ô poésie, poésie pure et haute, va, tu peux prendre le deuil ! Le voilà mort celui qui a posé sur ton front la couronne la plus fraîche et la plus naturelle que jamais te tressa aucun poète ni du Midi, ni de la France, pourrions-nous dire...

» Aujourd'hui, cité d'Avignon, va, tu peux prendre le deuil !...

» Peuple d'Avignon, jette, jette des fleurs sur cette dalle de tombe; car là est couché ton grand poète national... Pauvre Aubanel, adieu! Confesseur de Dieu durant toute ta vie, aujourd'hui dans le sein de Dieu tu embrasses pour toujours la suprême beauté que tu avais vue en rêve !... »

Mistral a dit vrai: oui, Aubanel *était un confesseur de Dieu*; c'était un croyant dans toute l'acception du mot, s'inclinant toujours humblement devant l'autorité de l'Eglise ; un catholique pratiquant, d'une piété ardente et sincère; un poète chrétien déposant dans un élan de respectueuse gratitude et de filiale affection, aux pieds de Notre-Dame d'Afrique, le livre de sa jeunesse, avec toutes ses douleurs et toutes ses joies :

A ti pèd mete aqueste libre :
O Tu que siés la vido, e l'espèro, e l'amour,
Enfestoulis, celèsto flour,
L'obro premiero dóu felibre,
Obro de jouinesso e d'ounour.

« OEuvre de jeunesse et d'honneur, » voilà l'œuvre d'Aubanel. A quelque date de sa vie qu'on examine ses poésies, on les trouve brillantes de cette fraîcheur de jeunesse que les années ne sauraient atteindre; on les trouve surtout respirant ce parfum suave d'honnêteté que seule peut communiquer la pureté d'une existence dégagée des exhalaisons malsaines d'un siècle corrupteur et corrompu.

Oh! c'est que Théodore était de bonne race! Il appartenait à une de ces familles patriarcales, qui ne fléchirent jamais dans leur croyance, et lui, comme ses dignes frères, ne cessa de marcher dans la voie qu'avaient suivie ses aïeux, ne déclinant ni à droite ni à gauche. La foi du charbonnier, celle qui dit : « *Je crois parce que Dieu l'a dit.* » est héréditaire chez les Aubanel, et cette foi s'y lie intimement, indissolublement, avec l'exercice continuel des bonnes œuvres et la pratique rigoureuse des divins commandements.

L'aîné, Joseph, entraîné instinctivement en quelque sorte vers la culture des beaux arts, fut un peintre dont les œuvres font l'ornement de bien des églises, tant en France qu'à l'étranger ; car il peignait surtout pour le bon Dieu. Le voyageur qui parcourt les montagnes du Liban rencontre, presque à chaque pas, dans les modestes sanctuaires de cette contrée lointaine, des toiles de Joseph Aubanel, toiles sur lesquelles il laissa échapper dans toute leur effusion les religieuses inspirations de son âme d'artiste.

Le second, Charles, que Pie IX, en considération de ses services signalés en faveur des chrétiens de Syrie, avait fait chevalier de l'Ordre de Saint-Sylvestre, était un vrai savant. Il avait beaucoup lu, beaucoup voyagé, et surtout beaucoup vu. Sa correspondance avec les Missions étrangères était incessante, et il ne se passait pas un seul jour qu'il ne reçût la visite de quelqu'un de ces hardis pionniers de l'Evangile qui vont courageusement, au péril de leur vie, porter la lumière de la foi jusqu'aux extrémités de la terre. Il connaissait, pour ainsi dire, tous les pays du globe et pouvait en parler en pleine connaissance de cause. Sa conversation était éblouissante comme une palette aux mille couleurs, et ce qui en relevait le charme, c'est que, linguiste distingué, naturaliste éminent, archéologue remarquable, il l'émaillait, c'est le mot, des réflexions les plus variées et les plus justes sur la philologie et la science. Sa librairie avait fini par devenir un véritable cercle où des intimes accouraient à toute heure du jour pour chercher les distractions les plus intéressantes et recueillir les plus heureuses impressions.

*

Théodore, le plus jeune de tous, complétait merveilleusement ce que les amis de la maison appelaient familièrement la *trilogie des beaux arts, de la poésie et de l'érudition*. Natures différentes, caractères opposés, les trois frères se complétaient, sans jamais se heurter, et ils ne pouvaient vivre l'un sans l'autre, parce qu'une seule chose, mais la principale de toutes, les unissait d'un lien indissoluble : la Religion, la Religion avec toutes ses pratiques, avec tous ses dogmes, avec toutes ses espérances. Leur devise était : « Dieu et les pauvres; » ils y furent fidèles jusqu'à la fin.

Du reste, les exemples qu'ils avaient eus sous leurs yeux, dès le berceau, étaient bien faits pour les maintenir dans la bonne voie. Ils savaient que la fidélité au service de Dieu était héréditaire dans leur famille. Que de fois n'avaient-ils pas entendu le récit de ce qu'Antoine Aubanel, leur aïeul, eut à souffrir pendant les mauvais jours de la Révolution française ! Cet homme de bien, que la Providence avait uni à une femme du plus haut mérite, fut, à cette époque de lamentable mémoire, jeté en prison pour avoir imprimé le Catéchisme du diocèse, et, sans le IX Thermidor, il aurait payé de sa tête sur l'échafaud son titre d'imprimeur de N. S. P. le Pape et de Mgr l'Archevêque d'Avignon. *

Théodore n'avait pas oublié ce fait si honorable pour son aïeul. Le jour où furent exécutés les décrets du 29 Mars 1880, il se trouvait chez les Pères Récollets d'Avignon, et, protestant contre la violence qui leur était

---

* L'honnête Antoine Aubanel, vieillard septuagénaire, infirme et souffrant, fut décrété d'arrestation comme un homme excessivement dangereux pour avoir imprimé : *Le Catéchisme pour le peuple sur l'Eglise,* et pour avoir dans ses magasins un dépôt de 500 exemplaires du *Catéchisme imprimé par ordre du dernier Concile d'Avignon.* Le procureur-syndic du district, jugeant, dans le civisme de son âme, que la vente de tels livres *pourrait attiser le feu du fanatisme et de la superstition et produire de grands désordres,* se hâta de dénoncer l'imprimeur, alors malade dans son lit d'une attaque d'apoplexie. Quelques membres du district, plusieurs notables de la commune n'hésitèrent pas à se dévouer pour le salut de la république si gravement compromis, et ils vinrent courageusement arrêter dans son lit un valétudinaire de 73 ans.

La république fut sauvée, car le malheureux vieillard, maladif et chancelant, fut conduit, au milieu d'une forte escorte, dans les prisons du palais. Peu de jours après, les émotions, la maladie ayant aggravé l'état du prisonnier, au point qu'on craignît pour ses jours, le tribunal du district consentit à ce que le dangereux vieillard allât recevoir les soins de sa famille, moyennant un cautionnement de dix mille francs et une sentinelle qui le garderait à vue.

(*Histoire de la Révolution Avignonaise,* J.-F. André.)

faite, il ne sortit de leur couvent qu'avec eux et par la force, en attendant d'être frappé, quelques jours plus tard, d'une amende par les tribunaux pour avoir obéi au cri de sa conscience indignée. Mais cela ne lui suffit pas : Durant deux ans, il donna au Supérieur des dignes enfants de saint François une large et généreuse hospitalité qu'il aurait continuée si des ordres venus de Rome n'eussent appellé ce vénérable prêtre à la tête du couvent de Monaco.

Le respect humain lui était inconnu. Il ne passait jamais devant une église ou une croix, sans se découvrir respectueusement. Il en faisait autant devant les statues de la Sainte Vierge pour laquelle il avait une dévotion toute particulière.

Si parfois il était invité à quelqu'une de ces réunions dont la poésie provoque la tenue autour d'une table amicale, il savait, sans blesser personne, les jours de jeûne ou d'abstinence, rester fidèle aux lois de l'Eglise, et il le faisait de telle sorte que son exemple n'était pour les autres ni un sujet de raillerie, ni une leçon de tempérance. Enfin il accomplissait avec simplicité, sans ostentation comme sans fausse honte, tous ses devoirs de chrétien. Confondu sous les voûtes de nos églises avec les autres fidèles, il assistait pieusement aux offices divins ; son recueillement le faisait distinguer dans la foule. Quand les processions pouvaient librement et sans entrave se développer sur les places et à travers la cité, il se faisait un devoir de prendre part au cortège eucharistique. Plus d'une fois, à la procession de la confrérie des Pénitents Blancs, à laquelle il se faisait gloire d'appartenir, on le vit, se dérobant sous le capuce aux regards du public, porter nu-pieds la croix en tête de ses confrères. Il était fier, selon l'expression de Lacordaire, « de porter l'opprobre de Jésus-Christ, en face du siècle qui en fut et qui en sera toujours l'ennemi. »

Mais ce n'est point là le seul côté de cette noble existence que nous ayons à admirer. Il suffisait d'être déshérité des biens de ce monde pour avoir des droits à sa générosité. En acceptant les fonctions d'Administrateur des Hospices de sa ville natale, il avait vu s'accroître les élans de sa charité, et il bénissait Dieu de lui avoir départi de la sorte une mission qui répondait pleinement à ses sentiments. Plus que jamais, il se considéra comme le serviteur des pauvres.

Déja, en 1854, il avait montré ce dont était capable son âme si généreuse et si compatissante. Le choléra sévissait à Avignon : il ne craignit pas, malgré l'horreur profonde qu'il en avait, d'affronter le terrible fléau en se tenant au chevet des malades et, le jour et la nuit, en les frictionnant de ses propres mains, en les exhortant à la résignation et à la mort. Une pauvre femme de la Carreterie qui, par son dévouement et ses soins, avait échappé à l'épidémie, ne l'appelait plus, depuis lors, dans son naïf langage, que son *second bon Dieu*.

S'il paraissait content, c'était les jours où il lui avait été donné d'accomplir ces œuvres de miséricorde qui faisaient ses délices. Quelque temps avant sa mort, un jour qu'à déjeûner il était plus radieux et plus en train que de coutume, quelqu'un lui demanda la cause de cette joie ; il raconta naïvement que, venant de faire l'aumône à une pauvre vieille, celle-ci n'avait pas craint en pleine place Saint-Pierre de lui sauter au cou et de le tenir fortement serré sur son cœur. Et comme, en plaisantant, on lui faisait observer que le poète « de la jeunesse et de la beauté » n'avait dû éprouver qu'une satisfaction médiocre de cette singulière expansion de la reconnaissance : « C'est bien ce qui vous trompe, répliqua-t-il ; je n'ai jamais été aussi heureux ! » Et là-dessus, prenant occasion de parler du bonheur que l'on éprouve dans l'exercice de la charité, il rappela à son fils les paroles de son frère Charles : « Ce sont les bénédictions de l'indigence qui font prospérer la maison. »

Mais il est un autre genre de charité dans lequel il excella. Nous voulons parler du pardon des injures. Comme tout le monde, Aubanel eut des jaloux et des envieux : la Providence ne donne pas à ses privilégiés les dons de la fortune et les dons de l'esprit sans que la rivalité ne soulève autour d'eux des orages et des tempêtes. Le poète aima et ne sut jamais haïr. Il ne permettait pas qu'on parlât mal devant lui des personnes qui l'avaient désobligé ; ni fiel, ni aigreur n'entraient dans son âme.

> I'a qu'uno joio vertadiero
> En aquest mounde tant catiéu,
> Mai aquelo èi sènso pariero :
> La joio de t'ama moun Diéu !

Une aussi belle vie devait se couronner par une belle mort. Le Dieu qu'il avait aimé, qu'il avait servi, qu'il avait confessé, prit soin de le disposer à sa dernière heure, en le préparant à cet instant suprême dix mois d'avance par un de ses avertissements qui ne sont, hélas ! que trop fréquents et dont bien souvent on ne tient pas compte. — Il fut frappé, par l'apoplexie, la veille de Noël de l'année 1885. A dater de ce moment, il se produisit dans son âme comme un élancement continuel vers Celui qui, après avoir fait la joie de sa jeunesse, avait fait la force de son âge mûr.

La grâce accomplissait visiblement son œuvre en lui ; elle y achevait son ouvrage. Ses aumônes devinrent à la fois plus considérables et plus fréquentes ; son amour du prochain reprit une nouvelle ardeur. Si par hasard, un dissentiment, une divergence d'opinion se produisaient autour de lui, il se hâtait de ramener tout le monde à la concorde en disant : « Ne parlons plus de cela ; parlons de ce qui unit, et non de ce qui divise. » Sa piété devint aussi plus forte et plus tendre, et bien souvent les employés de sa maison le surprirent en prières, le chapelet à la main.

Quand une nouvelle attaque vint soudainement le frapper, Aubanel ne se fit point illusion : « Ah ! cette fois-ci, dit-il, c'est fini, c'est bien fini ! »

Le poète frissonna un moment à la vue de cette mort que son imagination lui avait toujours montrée si horrible ; mais le chrétien se soumit tout de suite avec une résignation touchante, « Allez chercher mon confesseur, » dit-il. Rien ne pressait encore, et comme il y avait trois jours à peine qu'il s'était confessé, on le lui fit observer : « Qu'importe ! reprit-il, laissez-moi profiter de ce que je puis jouir encore de l'usage de la parole ! » Et il fut fait comme il le désirait : il reçut les sacrements de l'Eglise avec cette foi ardente qui l'animait.

Puis, sentant sa fin approcher, il demanda son crucifix, le baisa avec amour, le pressa doucement sur sa poitrine, se souvenant sans aucun doute de ces vers qu'il avait exhalés un jour au pied de la Croix :

O pèiro sacrado,
Bello, bello Crous,
Fugues ounourado
De tóuti li flous.

Jèsu-Crist escouto
Lou roussignoulet,
E soun sang degouto
Coume un raioulet.

Franc de purgatòri,
O sant Crucifix.
Baio-nous la glòri
De toun paradis !

C'est dans cette sublime étreinte qu'il s'endormit dans la double immortalité du chrétien et du poète.

Plaise à Dieu que la Provence et la France voient se lever nombreux et écoutent chanter longtemps ceux qui savent à l'amour de la jeunesse et du beau, allier, comme Aubanel, l'amour du bien et du vrai !

THÉODORE AUBANEL

*« L'*Imprimerie *» journal le plus ancien et le plus autorisé de la Typographie française a consacré à* Théodore Aubanel *et à notre maison l'article suivant :*

Le monde des lettres vient de faire une perte irréparable : le grand poète avignonais, Théodore Aubanel, s'est éteint le 31 octobre, après une longue mais calme agonie, et la presse tout entière, sans distinction de parti, a tenu à apporter son tribut d'admiration et de regrets à l'écrivain hors de pair que la mort vient de frapper si brusquement en pleine vie, à l'âge de cinquante-sept ans.

Il ne nous appartient pas d'apprécier ici le poète et son œuvre, de peindre ce génie ardent, embrassant, dans son large culte de l'idéal, la foi chrétienne la plus vraie et la plus profonde et le plus païen enthousiasme pour la beauté plastique ; écrivant, avec la même sincérité et la même hauteur d'inspiration, des strophes à la Vierge, du charme le plus pénétrant, et cette fougueuse invocation à la Vénus d'Arles qu'on vient de reproduire encore, mais qu'aucune traduction, — même la sienne, — ne peut rendre avec la puissance de coloris et la chaleur de sentiment du texte provençal.

Mais, si la forte personnalité du poète nous échappe, l'homme nous appartient tout au moins par un côté : Aubanel était un membre éminent de la grande famille typographique. Il a dirigé jusqu'à sa mort une de ces vieilles et honorables maisons qui se transmettent de génération en génération, et qui est, peut-être la plus ancienne et certainement l'une des plus connues du Midi.

Dès son entrée dans la vie, il fit son apprentissage chez son vénérable père, homme d'une rare intelligence, entreprenant et actif, et qui avait joint à son imprimerie et à sa librairie une fonderie de caractères qui est probablement la dernière d'où soient sorties les fontes sur *hauteur d'Avignon*. C'est lui qui substitua le premier aux anciennes lettres d'affiches *à pont* les œils *montés sur grille*, copiés depuis à Paris et restés en usage jusqu'au moment où les caractères en bois bouilli dans l'huile et de nouveaux procédés de fabrication les ont remplacés. L'innovation de M. Aubanel père et les produits généraux de sa maison lui avaient valu, en 1839, une médaille d'argent à l'Exposition nationale des produits de l'industrie à Paris, et en 1844 il en obtint une autre du plus grand module. Son fils était à bonne école.

Depuis un temps immémorial, remontant à l'introduction de l'imprimerie à Avignon, alors sous la domination des papes, la famille Aubanel est en possession du titre d'*imprimeur de Sa Sainteté*, qui, malgré l'annexion du Comtat à la France, s'est perpétué de père en fils et sans interruption jusqu'à nos jours. Les armes pontificales, remarquablement sculptées, s'étalent encore à la façade de la librairie. C'est là un détail d'autant plus intéressant pour l'histoire de l'imprimerie, qu'il s'agit d'un fait unique : il y a dans le monde quelques *éditeurs* du Pape, mais il n'y a pas que nous sachions, d'autres *imprimeurs* du Saint-Père que les Aubanel.

Quelque opinion que l'on professe en matière religieuse, on ne peut que s'incliner devant ces lettres de noblesse industrielle.

Par une singulière coïncidence, Théodore Aubanel est mort entre les bras d'un autre typographe, Louis Roumieux, le charmant félibre dont tout le midi connaît les joyeux refrains et les contes étincelants de verve et d'esprit. C'était son ami intime, né le même jour que lui, et Aubanel l'affectionnait comme un frère.

Enfin, parmi les félibres *majoraux* (Mistral, Roumanille, Félix Gras et Antonin Glaize) qui portaient le premier drap d'honneur aux funérailles, se trouvait encore un éminent confrère, Roumanille, l'initiateur de la renaissance provençale, et qui formait, avec Mistral et Aubanel, ce qu'on appelait encore il y a quelques jours le triumvirat du félibrige.

Le deuil des lettres est donc aussi un deuil pour la typographie. Elle avait d'ailleurs sa place réservée aux obsèques : un drap d'honneur étoilé d'or était porté par les ouvriers de l'imprimerie Aubanel, qui avaient fait précéder le char d'une magnifique couronne, et deux maîtres imprimeurs, MM. Seguin (d'Avignon) et Hamelin (de Montpellier) tenaient deux cordons d'un autre drap d'honneur.

Ces obsèques, nous ne les dépeindrons pas après tant d'autres : qu'il nous suffise de dire que le cortège s'étendait sur un demi-kilomètre de longueur, bordé d'une foule respectueuse et émue; que tout ce qu'Avignon compte de personnalités marquantes se trouvait là, accompagné de la masse des félibres et des amis venus de tous les points de la Provence et du Languedoc. Les funérailles avaient précisément lieu le jour des Morts; la pluie avait fait trève, et toutes les tombes du cimetière, couvertes de fleurs comme le cercueil, semblaient embaumer l'entrée dans l'Eternité de notre illustre confrère.

Il nous en coûte sans doute de ne parler ni de l'admirable discours de Mistral, ni de la remarquable allocution du docteur Pamard, ni des vers émus de Roumieux, etc., mais nous tenons à nous renfermer dans le domaine de la typographie.

Ce n'est pas en sortir que de constater qu'Aubanel était chevalier de la Légion d'honneur, officier de la Couronne de Roumanie, chevalier de l'ordre de Charles III d'Espagne, officier d'Académie, ancien juge au Tribunal de Commerce, administrateur des hospices, etc., etc.

Nous ne voulons pas terminer sans envoyer à Mme Aubanel et à son fils, M. Jean Aubanel, qui saura dignement porter le fardeau de l'héritage qu'il tient de ses aïeux et que son noble père a cependant rendu si lourd pour ses jeunes épaules, l'expression de notre profonde sympathie. Nous sommes certains d'être ici l'interprète de toute la typographie française.

Avignon. — Imp. Aubanel frères.

www.ingramcontent.com/pod-product-compliance
Ingram Content Group UK Ltd.
Pitfield, Milton Keynes, MK11 3LW, UK
UKHW022151260726
13993UKWH00005B/2297

9 782329 514116